WELCOME

This book has been crafted with the novice learner in mind, providing a solid foundation in essential vocabulary and phrases to help you confidently navigate everyday situations in a new language. Language is more than just a means of communication; it is a gateway to understanding different cultures, connecting with people, and broadening your horizons. Whether you are preparing for a trip, expanding your professional skills, or simply exploring a personal interest, learning a new language can be an incredibly rewarding experience.

In creating this book, we focused on three core principles: simplicity, practicality, and accessibility. The 50 themed chapters are designed to cover a wide range of common scenarios, from greetings and introductions to shopping and dining, ensuring that you have the words and phrases you need right at your fingertips.

One of the unique features of this book is the integration of online audio pronunciation support.

We understand that correct pronunciation is key to effective communication, which is why we have included high-quality audio recordings for every word and phrase. Listening to native speakers will help you develop an authentic accent and boost your confidence in speaking.

Learning a new language can seem daunting at first, but with this book, you will find that it is a manageable and enjoyable journey. The clear, user-friendly layout allows you to learn at your own pace, making the process both effective and enjoyable. Thank you for choosing this book as your language-learning companion. We hope it inspires you to explore new opportunities and connect with the world in ways you never thought possible.

Happy learning!

WELCOME

This book has been crafted with the novice learner in mind, providing a solid foundation in essential vocabulary and phrases to help you confidently navigate everyday situations in a new language. Language is more than just a means of communication; it is a gateway to understanding different cultures, connecting with people, and broadening your horizons. Whether you are preparing for a trip, expanding your professional skills, or simply exploring a personal interest, learning a new language can be an incredibly rewarding experience.

In creating this book, we focused on three core principles: simplicity, practicality, and accessibility. The 50 themed chapters are designed to cover a wide range of common scenarios, from greetings and introductions to shopping and dining, ensuring that you have the words and phrases you need right at your fingertips.

One of the unique features of this book is the integration of online audio pronunciation support.

We understand that correct pronunciation is key to effective communication, which is why we have included high-quality audio recordings for every word and phrase. Listening to native speakers will help you develop an authentic accent and boost your confidence in speaking.

Learning a new language can seem daunting at first, but with this book, you will find that it is a manageable and enjoyable journey. The clear, user-friendly layout allows you to learn at your own pace, making the process both effective and enjoyable. Thank you for choosing this book as your language-learning companion. We hope it inspires you to explore new opportunities and connect with the world in ways you never thought possible.

Happy learning!

USE THIS QR CODE TO ACCESS THE ONLINE AUDIO RESOURCES:

INDEX

SALUTOJ

Greetings

HELLO

Hello, how are you?

SALUTON

Saluton, kiel vi fartas?

GOOD MORNING

Good morning, did you sleep well?

BONAN MATENON

Bonan matenon, ĉu vi bone dormis?

GREETINGS

GOOD AFTERNOON

Good afternoon, how was your day?

BONAN POSTTAGMEZON

Bonan posttagmezon, kiel estis via tago?

GOOD EVENING

Good evening, let's watch a movie.

BONAN VESPERON

Bonan vesperon, ni rigardu filmon.

GOODBYE

Goodbye, see you tomorrow.

ĜIS REVIDO

Ĝis revido, ĝis morgaŭ.

PLEASE

Please pass the salt.

BONVOLU

Bonvolu pasi la salon.

SALUTOJ

THANK YOU

Thank you for your help.

DANKON

Dankon pro via helpo.

YES

Yes, I would like some coffee.

JES

Jes, mi ŝatus iom da kafo.

NO

No, I don't want any.

NE

Ne, mi ne volas ajnan.

EXCUSE ME

Excuse me, where is the bathroom?

PARDONU

Pardonu, kie estas la necesejo?

OFTAJ FRAZOJ

Common Phrases

HOW MUCH DOES IT COST?

How much does this book cost?

KIOM ĝl KOSTAS?

Kiom ĉi tiu libro kostas?

WHERE IS THE BATHROOM?

Excuse me, where is the bathroom?

KIE ESTAS LA NECESEJO?

Pardonu, kie estas la necesejo?

COMMON PHRASES

I DON'T UNDERSTAND

I don't understand this lesson.

MI NE KOMPRENAS

Mi ne komprenas ĉi tiun lecionon.

CAN YOU HELP ME?

Can you help me with my homework?

ĈU VI POVAS HELPI MIN?

Ĉu vi povas helpi min kun mia hejmtasko?

I'M SORRY

I'm sorry for being late.

MI BEDAŭRAS

Mi bedaŭras pro esti malfrue.

WHAT TIME IS IT?

Do you know what time it is?

KIOMA HORO ESTAS?

Ĉu vi scias kioma horo estas?

OFTAJ FRAZOJ

I AM LOST

I am lost, can you help me?

MI ESTAS PERDITA

Mi estas perdita, ĉu vi povas helpi min?

I LOVE YOU

I love you very much.

MI AMAS VIN

Mi amas vin tre multe.

I AM HUNGRY

I am hungry, let's eat something.

MI ESTAS MALSATA

Mi estas malsata, ni manĝu ion.

I AM THIRSTY

I am thirsty, can I have some water?

MI ESTAS SOIFA

Mi estas soifa, ĉu mi povas havi iom da akvo?

NOMBROJ

Numbers

ONE	UNU
One apple, please.	Unu pomo, bonvolu.
TWO	DU
I have two cats.	Mi havas du katojn.

NUMBERS

THREE

There are three books on the table.

TRI

Estas tri libroj sur la tablo.

FOUR

We need four chairs.

KVAR

Ni bezonas kvar seĝojn.

FIVE

She has five pencils.

KVIN

Ŝi havas kvin krajonojn.

SIX

The clock shows six o'clock.

SES

La horloĝo montras la sesan horon.

NOMBROJ

SEVEN
There are seven days in a week.

SEP
Estas sep tagoj en semajno.

EIGHT
The cake is cut into eight pieces.

OK
La kuko estas trančita en ok pecojn.

NINE
There are nine students in the class.

NAŬ
Estas naŭ lernantoj en la klaso.

TEN
I can count to ten.

DEK
Mi povas kalkuli ĝis dek.

TAGOJ DE LA SEMAJNO

Days of the Week

MONDAY

I have a meeting on Monday.

LUNDO

Mi havas kunvenon lundon.

TUESDAY

She goes to the gym on Tuesday.

MARDO

Ŝi iras al la gimnazio mardon.

DAYS OF THE WEEK

WEDNESDAY

We have a class on Wednesday.

MERKREDO

Ni havas klason merkrede.

THURSDAY

The market opens on Thursday.

ĴAŬDO

La merkato malfermiĝas ĵaŭdon.

FRIDAY

Friday is my favorite day.

VENDREDO

Vendredo estas mia plej ŝatata tago.

SATURDAY

They visit their grandparents on Saturday.

SABATO

Ili vizitas siajn geavojn sabaton.

TAGOJ DE LA SEMAJNO

SUNDAY

We rest on Sunday.

DIMANĈO

Ni ripozas dimanĉon.

WEEKEND

What are your plans for the weekend?

SEMAJNFINO

Kiaj estas viaj planoj por la semajnfino?

WEEKDAY

A weekday is any day except the weekend.

LABORTAGO

Labortago estas ia tago krom la semajnfino.

HOLIDAY

Christmas is a holiday.

FESTOTAGO

Kristnasko estas festotago.

MONATOJ DE LA JARO

Months of the Year

JANUARY

My birthday is in January.

JANUARO

Mia naskiĝtago estas en Januaro.

FEBRUARY

Valentine's Day is in February.

FEBRUARO

Tago de Amikoj estas en Februaro.

MONTHS OF THE YEAR

MARCH

Spring starts in March.

MARTO

Printempo komenciĝas en Marto.

APRIL

April is a rainy month.

APRILO

Aprilo estas pluvema monato.

MAY

Mother's Day is in May.

MAJO

Tago de Patrinoj estas en Majo.

JUNE

School ends in June.

JUNIO

Lernejo finiĝas en Junio.

MONATOJ DE LA JARO

JULY

Independence Day is in July.

JULIO

Independeca Tago estas en Julio.

AUGUST

We go on vacation in August.

AŬGUSTO

Ni ferias en Aŭgusto.

SEPTEMBER

School starts in September.

SEPTEMBRO

Lernejo komenciĝas en Septembro.

OCTOBER

Halloween is in October.

OKTOBRO

Haloveno estas en Oktobro.

KOLOROJ

Colors

RED The apple is red.	**RUĜA** La pomo estas ruĝa.
BLUE The sky is blue.	**BLUA** La ĉielo estas blua.

COLORS

GREEN The grass is green.	**VERDA** La herbo estas verda.
YELLOW The sun is yellow.	**FLAVA** La suno estas flava.
BLACK The night is black.	**NIGRA** La nokto estas nigra.
WHITE The snow is white.	**BLANKA** La neĝo estas blanka.

KOLOROJ

GRAY

The sky is gray today.

GRIZA

La ĉielo estas griza hodiaŭ.

BROWN

The soil is brown.

BRUNA

La grundo estas bruna.

PINK

The flower is pink.

ROZKOLORA

La floro estas rozkolora.

PURPLE

The grapes are purple.

PURPURA

La vinberoj estas purpuraj.

FAMILIAJ MEMBROJ

Family Members

MOTHER

My mother is a teacher.

PATRINO

Mia patrino estas instruisto.

FATHER

My father works in a bank.

PATRO

Mia patro laboras en banko.

FAMILY MEMBERS

BROTHER

My brother is younger than me.

FRATO

Mia frato estas pli juna ol mi.

SISTER

My sister is older than me.

FRATINO

Mia fratino estas pli maljuna ol mi.

GRANDFATHER

My grandfather is retired.

AVO

Mia avo estas emerito.

GRANDMOTHER

My grandmother tells great stories.

AVINO

Mia avino rakontas bonegajn rakontojn.

FAMILIAJ MEMBROJ

UNCLE
My uncle lives in the city.

ONKLO
Mia onklo loĝas en la urbo.

AUNT
My aunt is a doctor.

ONKLINO
Mia onklino estas kuracisto.

COUSIN
My cousin is visiting us.

KUZO
Mia kuzo vizitas nin.

NEPHEW
My nephew is learning to read.

NEVINO
Mia nevino lernas legi.

MANĜAĴOJ KAJ TRINKAĴOJ

Food and Drinks

BREAD

I like to eat bread.

PANO

Mi ŝatas manĝi panon.

WATER

I drink a lot of water.

AKVO

Mi trinkas multe da akvo.

FOOD AND DRINKS

MILK

I drink milk every morning.

LAKTAĴO

Mi trinkas lakton ĉiumatene.

JUICE

He drinks orange juice.

SUKO

Li trinkas oranĝan sukon.

COFFEE

I drink coffee in the morning.

KAFO

Mi trinkas kafon en la mateno.

TEA

She likes to drink tea.

TEO

Ŝi ŝatas trinki teon.

MANĜAĴOJ KAJ TRINKAĴOJ

WINE

He likes red wine.

VINO

Li ŝatas ruĝan vinon.

BEER

He drinks beer with friends.

BIERO

Li trinkas bieron kun amikoj.

SODA

I like to drink soda.

SODAO

Mi ŝatas trinki sodao.

WINE

They enjoy a glass of wine.

VINO

Ili ĝuas glason da vino.

VESTAĴOJ

Clothing

SHIRT

I bought a new shirt.

ĈEMIZO

Mi aĉetis novan ĉemizon.

PANTS

He is wearing blue pants.

PANTALONOJ

Li portas bluajn pantalonojn.

CLOTHING

DRESS

She bought a red dress.

ROBO

Ŝi aĉetis ruĝan robon.

SHOES

I need new shoes.

ŜUOJ

Mi bezonas novajn ŝuojn.

HAT

He wears a hat.

ĈAPELO

Li portas ĉapelon.

SKIRT

She is wearing a skirt.

JUPO

Ŝi portas jupon.

VESTAĴOJ

COAT	**MANTELO**
I wear a coat in winter.	Mi portas mantelon en vintro.
JACKET	**JAKETO**
She bought a new jacket.	Ŝi aĉetis novan jaketon.
T-SHIRT	**T-ĉEMIZO**
He is wearing a T-shirt.	Li portas T-ĉemizon.
SWEATER	**ŜVITĴERZO**
She knitted a sweater.	Ŝi trikis ŝvitĵerzon.

DOMO KAJ HEJMO

House and Home

HOUSE

The house is big.

DOMO

La domo estas granda.

ROOM

My room is on the second floor.

ĈAMBRO

Mia ĉambro estas en la dua etaĝo.

HOUSE AND HOME

KITCHEN

The kitchen is clean.

KUIRĈAMBRO

La kuirĉambro estas pura.

BATHROOM

The bathroom is upstairs.

BANEJO

La banejo estas supren.

LIVING ROOM

The living room is spacious.

SALONO

La salono estas vasta.

BEDROOM

The bedroom is cozy.

DORMOĈAMBRO

La dormoĉambro estas komforta.

DOMO KAJ HEJMO

GARDEN

The garden is beautiful.

ĜARDENO

La ĝardeno estas bela.

GARAGE

The car is in the garage.

GARAĜO

La aŭto estas en la garaĝo.

BALCONY

We have breakfast on the balcony.

BALKONO

Ni matenmanĝas sur la balkono.

ROOF

The roof needs repair.

TEGMENTO

La tegmento bezonas riparon.

LERNEJO

School

TEACHER	**INSTRUISTO**
The teacher is explaining the lesson.	La instruisto klarigas la lecionon.
STUDENT	**STUDENTO**
The student is studying hard.	La studento studas forte.

SCHOOL

CLASSROOM

The classroom is full of students.

KLASĈAMBRO

La klasĉambro estas plena de studentoj.

HOMEWORK

I have a lot of homework.

HEJMTASKO

Mi havas multan hejmtaskon.

EXAM

The exam was very difficult.

EKZAMENO

La ekzameno estis tre malfacila.

LIBRARY

I study in the library.

BIBLIOTEKO

Mi studas en la biblioteko.

LERNEJO

BOOK

I am reading a book.

LIBRO

Mi legas libron.

DESK

My desk is tidy.

SKRIBOTABLO

Mia skribotablo estas orde.

PEN

I need a pen to write.

PLUMO

Mi bezonas plumon por skribi.

NOTEBOOK

I write in my notebook.

KAJERO

Mi skribas en mia kajero.

LABOROJ KAJ PROFESIOJ

Jobs and Professions

DOCTOR

The doctor is very kind.

DOKTORO

La doktoro estas tre afabla.

ENGINEER

The engineer designed the bridge.

INĜENIERO

La inĝeniero projektis la ponton.

JOBS AND PROFESSIONS

NURSE

The nurse is very caring.

FLEGISTINO

La flegistino estas tre zorgema.

TEACHER

The teacher is very strict.

INSTRUISTO

La instruisto estas tre strikta.

POLICE OFFICER

The police officer helped us.

POLICISTO

La policisto helpis nin.

FIREFIGHTER

The firefighter saved the cat.

FAJROBRIGADISTO

La fajrobrigadisto savis la katon.

LABOROJ KAJ PROFESIOJ

CHEF

The chef cooked a delicious meal.

ĈEFO

La ĉefo kuiris bongustan manĝon.

ARTIST

The artist painted a beautiful picture.

ARTISTO

La artisto pentris belan bildon.

LAWYER

The lawyer gave us advice.

ADVOKATO

La advokato donis al ni konsilon.

DENTIST

The dentist cleaned my teeth.

DENTISTO

La dentisto purigis miajn dentojn.

TRANSPORTADO

Transportation

CAR

I bought a new car.

AŬTO

Mi aĉetis novan aŭton.

BUS

I take the bus to work.

BUSO

Mi prenas la buson al laboro.

TRANSPORTATION

BICYCLE

I ride my bicycle every day.

BICIKLO

Mi rajdas mian biciklon ĉiutage.

TRAIN

The train is late.

TRAJNO

La trajno estas malfrua.

PLANE

The plane is taking off.

AVIONO

La aviadilo ekflugos.

BOAT

The boat is sailing.

BOATO

La boato navigas.

TRANSPORTADO

TRUCK

The truck is carrying goods.

KAMIONO

La kamiono transportas varojn.

MOTORCYCLE

The motorcycle is fast.

MOTORCIKLO

La motorciklo estas rapida.

SUBWAY

The subway is crowded.

SUBTERO

La subtero estas plenplena.

HELICOPTER

The helicopter is flying low.

HELIKOPTERO

La helikoptero flugas malalte.

VOJAĜO

Travel

AIRPORT

The airport is very busy.

FLUGHAVENO

La flughaveno estas tre okupata.

HOTEL

We are staying in a nice hotel.

HOTELO

Ni rêstas en bela hotelo.

TRAVEL

PASSPORT

Do you have your passport?

PASPORTO

Ĉu vi havas vian pasporton?

TICKET

I bought a ticket to Paris.

BILETO

Mi aĉetis bileton al Parizo.

TOURIST

The tourist is taking pictures.

TURISTO

La turisto faras fotojn.

LUGGAGE

I need to pack my luggage.

BAGAĜO

Mi devas paki mian bagaĝon.

VOJAĜO

MAP	MAPO
Do you have a map?	Ĉu vi havas mapon?

GUIDE	GVIDILO
The guide showed us around.	La gvidilo montris al ni ĉirkaŭ.

VISA	VIZO
I need a visa to travel.	Mi bezonas vizon por vojaĝi.

SUITCASE	VALIZO
My suitcase is heavy.	Mia valizo estas peza.

VETERO

Weather

SUNNY

Today is a sunny day.

SUNA

Hodiaŭ estas suna tago.

RAINY

It is a rainy afternoon.

PLUVA

Estas pluva posttagmezo.

WEATHER

WINDY	VENTA
It is a windy day.	Estas venta tago.
SNOWY	NEĜA
It is a snowy morning.	Estas neĝa mateno.
CLOUDY	NUBA
It is a cloudy evening.	Estas nuba vespero.
STORMY	ŜTORMA
It is a stormy night.	Estas ŝtorma nokto.

VETERO

FOGGY

It is a foggy morning.

NEBULA

Estas nebula mateno.

HUMID

It is a humid day.

HUMIDA

Estas humida tago.

FREEZING

It is freezing outside.

FROSTA

Estas froste ekstere.

HOT

It is a hot day.

VARMA

Estas varma tago.

SANO KAJ KORPO

Health and Body

DOCTOR

The doctor is very kind.

KURACISTO

La kuracisto estas tre afabla.

NURSE

The nurse is very caring.

FLEGISTINO

La flegistino estas tre prizorgema.

HOSPITAL

The hospital is clean.

HOSPITALO

La hospitalo estas pura.

MEDICINE

I need to take my medicine.

MEDIKAMENTO

Mi devas preni mian medikamenton.

PHARMACY

I need to go to the pharmacy.

FARMACIO

Mi devas iri al la farmacio.

DENTIST

I have an appointment with the dentist.

DENTISTO

Mi havas rendevuon kun la dentisto.

SANO KAJ KORPO

THERAPIST

The therapist is very helpful.

TERAPEŭTO

La terapeŭto estas tre helpema.

SURGEON

The surgeon performed a successful operation.

KIRURGO

La kirurgo faris sukcesan operacion.

PATIENT

The patient is recovering.

PACIENTO

La paciento resaniĝas.

CLINIC

The clinic is open 24 hours.

KLINIKO

La kliniko estas malferma 24 horojn.

EMOCIOJ

Emotions

HAPPY

FELIĈA

She feels very happy today.

Ŝi sentas sin tre feliĉa hodiaŭ.

SAD

MALĜOJA

He looks sad.

Li aspektas malĝoja.

EMOTIONS

ANGRY
She is angry with her friend.

KOLERA
Ŝi estas kolera kun sia amiko.

EXCITED
The children are excited.

EKSCITITA
La infanoj estas ekscititaj.

SCARED
She is scared of the dark.

TIMIGITA
Ŝi timas la mallumon.

SURPRISED
He was surprised by the news.

SURPRIZITA
Li estis surprizita de la novaĵoj.

BORED

She feels bored at home.

ENUA

Ŝi sentas sin enua hejme.

CALM

He is very calm under pressure.

TRANKVILA

Li estas tre trankvila sub premo.

NERVOUS

She is nervous about the exam.

NERVOJA

Ŝi estas nervoza pri la ekzameno.

CONFUSED

He is confused about the instructions.

KONFUZITA

Li estas konfuzita pri la instrukcioj.

NATURO

Nature

TREE

The tree is very tall.

ARBO

La arbo estas tre alta.

FLOWER

The flower is beautiful.

FLORO

La floro estas bela.

NATURE

RIVER

The river is wide.

RIVERO

La rivero estas larĝa.

MOUNTAIN

The mountain is high.

MONTO

La monto estas alta.

FOREST

The forest is dense.

ARBARO

La arbaro estas densa.

OCEAN

The ocean is vast.

OCEANO

La oceano estas vasta.

NATURO

BEACH The beach is crowded.	**STRANDO** La strando estas homplena.
DESERT The desert is hot.	**DEZERTO** La dezerto estas varma.
LAKE The lake is calm.	**LAGO** La lago estas trankvila.
VALLEY The valley is beautiful.	**VALO** La valo estas bela.

BESTOJ

Animals

DOG

The dog is barking.

HUNDO

La hundo bojas.

CAT

The cat is sleeping.

KATO

La kato dormas.

ANIMALS

BIRD

The bird is singing.

BIRDO

La birdo kantas.

FISH

The fish is swimming.

FIŜO

La fiŝo naĝas.

HORSE

The horse is running.

ĈEVALO

La ĉevalo kuras.

COW

The cow is grazing.

BOVO

La bovo paŝtiĝas.

BESTOJ

LION The lion is roaring.	**LEONO** La leono blekas.
ELEPHANT The elephant is huge.	**ELEFANTO** La elefanto estas giganta.
MONKEY The monkey is playful.	**SIMIO** La simio estas ludema.
TIGER The tiger is fierce.	**TIGRO** La tigro estas sovaĝa.

HOBBYOJ

Hobbies

READING

I enjoy reading books.

LEGADO

Mi ĝuas legi librojn.

PAINTING

She loves painting.

PENTRADO

Ŝi amas pentri.

HOBBIES

GARDENING

I spend my weekends gardening.

ĜARDENADO

Mi pasigas miajn semajnfinojn ĝardenante.

COOKING

He enjoys cooking.

KUIRIADO

Li ĝuas kuiri.

DANCING

They like dancing.

DANCADO

Ili ŝatas danci.

CYCLING

I go cycling every morning.

BICIKLADO

Mi biciklas ĉiumatene.

HOBBYOJ

SINGING

I enjoy singing.

KANTADO

Mi ĝuas kanti.

SWIMMING

She loves swimming.

NAĜADO

Ŝi amas naĝi.

TRAVELING

I love traveling to new places.

VOJAĜADO

Mi amas vojaĝi al novaj lokoj.

FISHING

He goes fishing on weekends.

FIŜKAPTADO

Li iras fiŝkapti dum la semajnfinoj.

SPORTOJ

Sports

FOOTBALL

He plays football every weekend.

FUTBALO

Li ludas futbalon ĉiun semajnfinon.

BASKETBALL

She loves playing basketball.

KORBO

Ŝi amas ludi korbopilkon.

SPORTS

TENNIS

They play tennis on Sundays.

TENISO

Ili ludas tenison dimanĉe.

SWIMMING

I go swimming every morning.

NAĝADO

Mi iras naĝi ĉiumatene.

RUNNING

She enjoys running in the park.

KURADO

Ŝi ĝuas kuri en la parko.

CYCLING

He goes cycling on weekends.

BICIKLADO

Li iras bicikli dum la semajnfinoj.

SPORTOJ

YOGA

She practices yoga every day.

JOGO

Ŝi praktikadas jogon ĉiutage.

DANCING

They enjoy dancing.

DANCADO

Ili ĝuas danci.

HIKING

We go hiking in the mountains.

MIGRADO

Ni iras migri en la montoj.

GOLF

He plays golf with his friends.

GOLFO

Li ludas golfon kun siaj amikoj.

TEKNOLOGIO

Technology

COMPUTER

I bought a new computer.

KOMPUTILO

Mi aĉetis novan komputilon.

INTERNET

The internet is slow today.

INTERRETO

La interreto estas malrapida hodiaŭ.

TECHNOLOGY

SMARTPHONE

I need a new smartphone.

INTELIGENTA TELEFONO

Mi bezonas novan inteligentan telefonon.

TABLET

The tablet is very useful.

TABULETO

La tabuleto estas tre utila.

LAPTOP

My laptop is broken.

PORTEBLA KOMPUTILO

Mia portebla komputilo estas rompita.

SOFTWARE

I need to install new software.

PROGRAMARO

Mi devas instali novan programaron.

TEKNOLOGIO

APP

This app is very helpful.

APLIKAĴO

Ĉi tiu aplikaĵo estas tre helpema.

GADGET

This gadget is amazing.

GADĜO

Ĉi tiu gadĝo estas mirinda.

DEVICE

This device is easy to use.

APARATO

Ĉi tiu aparato estas facila por uzi.

CAMERA

I need a new camera.

FOTILO

Mi bezonas novan fotilon.

AĈETADO

Shopping

STORE

The store is open.

BUTIKO

La butiko estas malfermita.

MARKET

I buy vegetables at the market.

MERKATO

Mi aĉetas legomojn ĉe la merkato.

SHOPPING

MALL

The mall is very crowded.

BUTIKUMADO

La butikumado estas tre homplena.

SUPERMARKET

I need to go to the supermarket.

SUPERBAZARO

Mi bezonas iri al la superbazaro.

BOUTIQUE

I found a nice dress at the boutique.

BOUTIQUE

Mi trovis belan robon en la butiko.

BAKERY

The bakery sells fresh bread.

BAKEJO

La bakejo vendas freŝan panon.

AĈETADO

PHARMACY

I need to buy medicine from the pharmacy.

APOTEKO

Mi bezonas aĉeti medicinon ĉe la apoteko.

BUTCHER

I buy meat from the butcher.

BUĈISTO

Mi aĉetas viandon de la buĉisto.

FLORIST

I bought flowers from the florist.

FLORISTO

Mi aĉetis florojn de la floristo.

GROCERY STORE

The grocery store is open 24/7.

NUTRAĴVENDEJO

La nutraĵvendejo estas malfermita 24/7.

DIREKTOJ

Directions

LEFT

Turn left at the corner.

MALDEKSTRE

Turnu maldekstre ĉe la angulo.

RIGHT

Turn right after the bank.

DEKSTRE

Turnu dekstre post la banko.

DIRECTIONS

STRAIGHT

Go straight ahead.

REKTE

Iru rekte antaŭen.

NORTH

The library is to the north.

NORDO

La biblioteko estas norde.

SOUTH

The park is to the south.

SUDO

La parko estas sude.

EAST

The school is to the east.

ORIENTO

La lernejo estas oriente.

DIREKTOJ

WEST

The hospital is to the west.

OKCIDENTO

La hospitalo estas okcidente.

NEAR

The bank is near the post office.

PROKSIME

La banko estas proksime de la poŝtejo.

FAR

The cinema is far from here.

MALPROKSIME

La kinejo estas malproksime de ĉi tie.

NEXT TO

The restaurant is next to the hotel.

APUDE

La restoracio estas apud la hotelo.

TEMPO

Time

MORNING

I wake up early in the morning.

MATENO

Mi vekiĝas frue en la mateno.

AFTERNOON

I work in the afternoon.

TAGMEZO

Mi laboras en la tagmezo.

TIME

EVENING

We have dinner in the evening.

VESPERO

Ni vespermanĝas vespere.

NIGHT

It is very quiet at night.

NOKTO

Ĝi estas tre trankvila nokte.

HOUR

The meeting lasts one hour.

HORO

La kunveno daŭras unu horon.

MINUTE

Wait a minute, please.

MINUTO

Atendu minuton, bonvolu.

TEMPO

SECOND I will be there in a second.	**SEKUNDO** Mi estos tie en sekundo.
DAY It is a beautiful day.	**TAGO** Ĝi estas bela tago.
WEEK I will see you next week.	**SEMAJNO** Mi vidos vin venontsemajne.
MONTH I will travel next month.	**MONATO** Mi vojaĝos venontmonate.

FESTOJ

Celebrations

CHRISTMAS

We celebrate Christmas in December.

KRISTNASKO

Ni festas Kristnaskon en decembro.

BIRTHDAY

Her birthday is next week.

NASKIĜTAGO

Ŝia naskiĝtago estas venontsemajne.

CELEBRATIONS

EASTER

We have an Easter egg hunt.

PASKO

Ni serĉas paskajn ovojn.

NEW YEAR

We celebrate the New Year with fireworks.

NOVA JARO

Ni festas la Novan Jaron per pirotekniko.

WEDDING

The wedding was beautiful.

GEEDZIĝO

La geedziĝo estis bela.

FESTIVAL

The festival is held every year.

FESTIVALO

La festivalo okazas ĉiun jaron.

FESTOJ

ANNIVERSARY

Today is their wedding anniversary.

DATREVENO

Hodiaŭ estas ilia geedziĝa datreveno.

HOLIDAY

Today is a public holiday.

FERIO

Hodiaŭ estas publika ferio.

PARTY

The party was a lot of fun.

FESTO

La festo estis tre amuza.

CARNIVAL

The carnival is colorful and lively.

KARNAVALO

La karnavalo estas bunta kaj vivoplena.

MUZIKO

79

Music

SONG

I like this song.

KANTO

Mi ŝatas ĉi tiun kanton.

MUSIC

She listens to music every day.

MUZIKO

Ŝi aŭskultas muzikon ĉiutage.

MUSIC

BAND

I like this band.

GRUPO

Mi ŝatas ĉi tiun grupon.

INSTRUMENT

He plays a musical instrument.

INSTRUMENTO

Li ludas muzikilon.

CONCERT

The concert was amazing.

KONCERTO

La koncerto estis mirinda.

GUITAR

He plays the guitar.

GITARO

Li ludas la gitaron.

MUZIKO

PIANO
She plays the piano beautifully.

PIANO
Ŝi ludas la pianon bele.

VIOLIN
He is learning to play the violin.

VIOLONO
Li lernas ludi la violonon.

DRUMS
He plays the drums in a band.

TAMBUROJ
Li ludas la tamburojn en grupo.

MICROPHONE
She sang into the microphone.

MIKROFONO
Ŝi kantis en la mikrofono.

FILMOJ KAJ TV-SPEKTAKLOJ

Movies and TV Shows

MOVIE

This movie is very interesting.

FILMO

Ĉi tiu filmo estas tre interesa.

TV SHOW

This TV show is very popular.

TV-SPEKTAKLO

Ĉi tiu TV-spektaklo estas tre populara.

MOVIES AND TV SHOWS

ACTOR

The actor is very talented.

AKTORO

La aktoro estas tre talenta.

DIRECTOR

The director made a great movie.

REĜISORO

La reĝisoro faris bonegan filmon.

EPISODE

I watched the latest episode.

EPIZODO

Mi spektis la plej lastan epizodon.

SERIES

This series is very popular.

SERIO

Ĉi tiu serio estas tre populara.

FILMOJ KAJ TV-SPEKTAKLOJ

SEASON

The new season starts soon.

SEZONO

La nova sezono komenciĝas baldaŭ.

GENRE

This genre is my favorite.

ĜENRO

Ĉi tiu ĝenro estas mia plej ŝatata.

DOCUMENTARY

I watched a documentary.

DOKUMENTARIO

Mi spektis dokumentarion.

COMEDY

I like watching comedy shows.

KOMEDIO

Mi ŝatas spekti komediajn spektaklojn.

LIBROJ KAJ LITERATURO
Books and Literature

BOOK

I am reading a new book.

LIBRO

Mi legas novan libron.

AUTHOR

The author is very famous.

AŬTORO

La aŭtoro estas tre fama.

BOOKS AND LITERATURE

STORY

The story is captivating.

RAKONTO

La rakonto estas kaptiva.

NOVEL

I am reading a novel.

ROMANO

Mi legas romanon.

POETRY

I enjoy reading poetry.

POEZIO

Mi ĝuas legi poezion.

CHAPTER

I finished the first chapter.

ĈAPITRO

Mi finis la unuan ĉapitron.

LIBROJ KAJ LITERATURO

LIBRARY

The library has many books.

BIBLIOTEKO

La biblioteko havas multajn librojn.

FICTION

I like reading fiction.

FIKCIO

Mi ŝatas legi fikcion.

BIOGRAPHY

I am reading a biography.

BIOGRAFIO

Mi legas biografion.

PUBLISHER

The publisher released a new book.

ELDONEJO

La eldonejo publikigis novan libron.

ARTO

Art

PAINTING	**PENTRADO**
The painting is beautiful.	La pentrajo estas bela.
SCULPTURE	**SKULPTAĵO**
The sculpture is impressive.	La skulptajo estas impona.

ART

DRAWING
The drawing is detailed.

DESEGNO
La desegno estas detala.

MUSEUM
The museum has many exhibits.

MUZEO
La muzeo havas multajn ekspoziciojn.

GALLERY
The gallery displays modern art.

GALERIO
La galerio montras modernan arton.

EXHIBITION
The exhibition opens tomorrow.

EKSPOZICIO
La ekspozicio malfermiĝas morgaŭ.

ARTO

PHOTOGRAPH

The photograph is in black and white.

FOTOGRAFIO

La foto estas nigrablanka.

STATUE

The statue is made of marble.

STATUO

La statuo estas farita el marmoro.

CANVAS

The artist painted on canvas.

KANVASO

La artisto pentris sur kanvaso.

GRAFFITI

The graffiti is very artistic.

GRAFFITI

La graffiti estas tre arta.

SCIENCO

Science

EXPERIMENT

We did a science experiment.

EKSPERIMENTO

Ni faris sciencan eksperimenton.

MICROSCOPE

We looked at cells under the microscope.

MIKROSKOPO

Ni rigardis ĉelojn sub la mikroskopo.

SCIENCE

PHYSICS

Physics is my favorite subject.

FIZIKO

Fiziko estas mia plej ŝatata temo.

CHEMISTRY

We learned about elements in chemistry.

KEMIO

Ni lernis pri elementoj en kemio.

BIOLOGY

Biology studies living organisms.

BIOLOGIO

Biologio studas vivantajn organismojn.

ASTRONOMY

Astronomy is fascinating.

ASTRONOMIO

Astronomio estas fascina.

SCIENCO

GEOLOGY

Geology studies the Earth.

GEOLOGIO

Geologio studas la Teron.

BOTANY

Botany is the study of plants.

BOTANIKO

Botaniko estas la studo de plantoj.

ECOLOGY

Ecology focuses on ecosystems.

EKOLOGIO

Ekologio fokusiĝas al ekosistemoj.

GENETICS

Genetics is a branch of biology.

GENETIKO

Genetiko estas branĉo de biologio.

MATEMATIKO

Math

ADDITION

Addition is easy for her.

ADICIO

Adicio estas facila por ŝi.

SUBTRACTION

Subtraction can be tricky.

SUBTRAHO

Subtraho povas esti malfacila.

MATH

MULTIPLICATION

He is good at multiplication.

MULTIPLIKO

Li estas bona ĉe multipliko.

DIVISION

Division is a basic math operation.

DIVIDO

Divido estas baza matematika operacio.

FRACTION

We are learning fractions in math.

FRAKCIO

Ni lernas frakciojn en matematiko.

EQUATION

The equation is difficult to solve.

EKVACIO

La ekvacio estas malfacila solvi.

MATEMATIKO

GEOMETRY

Geometry involves shapes and angles.

GEOMETRIO

Geometrio enhavas formojn kaj angulojn.

ALGEBRA

Algebra uses letters and symbols.

ALGEBRO

Algebro uzas literojn kaj simbolojn.

TRIGONOMETRY

Trigonometry deals with triangles.

TRIGONOMETRIO

Trigonometrio traktas triangulojn.

STATISTICS

Statistics is used in many fields.

STATISTIKO

Statistiko estas uzata en multaj kampoj.

HISTORIO

History

WAR

The war lasted five years.

MILITO

La milito daŭris kvin jarojn.

REVOLUTION

The revolution changed the country.

REVOLUCIO

La revolucio ŝanĝis la landon.

HISTORY

EMPIRE

The Roman Empire was vast.

IMPERIO

La Romia Imperio estis vasta.

COLONIZATION

Colonization impacted many regions.

KOLONIADO

Koloniado influis multajn regionojn.

INDEPENDENCE

They fought for independence.

SENDEPENDECO

Ili batalis por sendependeco.

ANCIENT

They studied ancient civilizations.

ANTIKVA

Ili studis antikvajn civilizojn.

HISTORIO

MEDIEVAL

They visited a medieval castle.

MEZEPOKA

Ili vizitis mezepokan kastelon.

MODERN

They live in a modern house.

MODERNA

Ili loĝas en moderna domo.

RENAISSANCE

The Renaissance was a period of cultural revival.

RENESANCO

La Renesanco estis periodo de kultura reviviĝo.

VICTORIAN

They restored a Victorian house.

VIKTORIA

Ili restarigis viktorian domon.

GEOGRAFIO

Geography

CONTINENT

Africa is a continent.

KONTINENTO

Afriko estas kontinento.

COUNTRY

France is a beautiful country.

LANDO

Francio estas bela lando.

GEOGRAPHY

CITY

New York is a big city.

URBO

Novjorko estas granda urbo.

VILLAGE

The village is very peaceful.

VILAĝo

La vilaĝo estas tre paca.

RIVER

The river flows through the city.

RIVERO

La rivero fluas tra la urbo.

MOUNTAIN

We hiked up the mountain.

MONTO

Ni migris supren la monton.

GEOGRAFIO

LAKE

The lake is very deep.

LAGO

La lago estas tre profunda.

ISLAND

We took a boat to the island.

INSULO

Ni prenis boaton al la insulo.

DESERT

The desert is very hot during the day.

DEZERTO

La dezerto estas tre varma dum la tago.

CANYON

The canyon is breathtaking.

KANONO

La kanono estas miriga.

POLITIKO

Politics

DEMOCRACY

Democracy allows people to vote.

DEMOKRATIO

Demokratio permesas al homoj voĉdoni.

GOVERNMENT

The government made new laws.

REGISTARO

La registaro faris novajn leĝojn.

POLITICS

PRESIDENT

The president gave a speech.

PREZIDANTO

La prezidanto faris paroladon.

ELECTION

The election is next month.

ELEKTO

La elekto estas venontmonate.

SENATOR

The senator visited our town.

SENATANO

La senatano vizitis nian urbon.

PARLIAMENT

The parliament passed a new law.

PARLAMENTO

La parlamento aprobis novan leĝon.

POLITIKO

CANDIDATE

The candidate gave a speech.

KANDIDATO

La kandidato faris paroladon.

CAMPAIGN

The campaign was successful.

KAMPANJO

La kampanjo estis sukcesa.

POLICY

The new policy was implemented.

POLITIKO

La nova politiko estis efektivigita.

DIPLOMACY

Diplomacy is important in international relations.

DIPLOMATIO

Diplomatio estas grava en internaciaj rilatoj.

RELIGIO

Religion

CHURCH

We go to church on Sundays.

PREĜEJO

Ni iras al preĝejo dimanĉe.

MOSQUE

We visited the mosque yesterday.

MOSKEO

Ni vizitis la moskeon hieraŭ.

TEMPLE

The temple is very peaceful.

TEMPLO

La templo estas tre paca.

SYNAGOGUE

We went to the synagogue for the ceremony.

SINAGOGO

Ni iris al la sinagogo por la ceremonio.

PRIEST

The priest gave a blessing.

PASTRO

La pastro donis beno.

BIBLE

I read the Bible every day.

BIBLIO

Mi legas la Biblion ĉiutage.

QURAN

They recite the Quran daily.

KORANO

Ili recitas la Korano ĉiutage.

VEDAS

They study the Vedas.

VEDOJ

Ili studas la Vedojn.

HYMN

We sang a hymn in church.

HIMNO

Ni kantis himnon en preĝejo.

PRAYER

We said a prayer for peace.

PREĜO

Ni diris preĝon por paco.

FESTIVALOJ

Festivals

CARNIVAL

The carnival is very colorful.

KARNAVALO

La karnavalo estas tre kolora.

PARADE

The parade was amazing.

PARADO

La parado estis mirinda.

FESTIVALS

FIREWORKS
We watched the fireworks show.

FAJRAĴOJ
Ni spekis la fajraĵan spektaklon.

CONCERT
The concert was fantastic.

KONCERTO
La koncerto estis fantastika.

DANCE
They performed a traditional dance.

DANCO
Ili prezentis tradician dancon.

FESTIVAL
The festival was fun.

FESTIVALO
La festivalo estis amuza.

FEAST

The feast was delicious.

FESTENO

La festeno estis bongustega.

CELEBRATION

The celebration lasted all night.

FESTADO

La festado daŭris la tutan nokton.

MASK

They wore masks at the festival.

MASKO

Ili portis maskojn ĉe la festivalo.

LANTERN

The lanterns lit up the night.

LANTERNO

La lanternoj lumigis la nokton.

SOCIA AMASKOMUNIKILARO

Social Media

POST

I liked your post on social media.

AFIŜO

Mi ŝatis vian afiŝon en socia amaskomunikilaro.

LIKE

She got many likes on her post.

ŜATI

Ŝi ricevis multajn ŝatojn sur ŝia afiŝo.

SOCIAL MEDIA

SHARE

Please share this post.

KUNHAVIGI

Bonvolu kunhavigi ĉi tiun afiŝon.

COMMENT

I left a comment on your photo.

KOMENTO

Mi lasis komenton sur via foto.

FOLLOWER

She has many followers.

SEKVANTO

Ŝi havas multajn sekvantojn.

FRIEND REQUEST

I sent you a friend request.

AMIKA PETI

Mi sendis al vi amikan peton.

SOCIA AMASKOMUNIKILARO

PROFILE

Update your profile picture.

PROFILA

Ĝisdatigu vian profilan bildon.

TWEET

He posted a new tweet.

TVITO

Li afiŝis novan tviton.

NOTIFICATION

I got a notification on my phone.

SCIIGO

Mi ricevis sciigon sur mia telefono.

FEED

I checked my feed.

FLUO

Mi kontrolis mian fluon.

INTERRETO

Internet

WEBSITE

The website is very informative.

RETEJO

La retejo estas tre informa.

EMAIL

I sent you an email.

RETPOŜTO

Mi sendis al vi retpoŝton.

INTERNET

BLOG

I write a blog about travel.

BLOGO

Mi skribas blogon pri vojaĝado.

FORUM

I joined an online forum.

FORUMO

Mi aliĝis al reta forumo.

SEARCH

I need to search for information.

SERĈI

Mi bezonas serĉi informojn.

LINK

Click on the link.

LIGILO

Klaku sur la ligilon.

INTERRETO

DOWNLOAD

I need to download the file.

ELŜUTI

Mi bezonas elŝuti la dosieron.

UPLOAD

I will upload the photos.

ALŜUTI

Mi alŝutos la fotojn.

PAGE

The page is loading slowly.

PAĜO

La paĝo ŝarĝas malrapide.

NETWORK

The network is down.

RETO

La reto ne funkcias.

TELEFONO KAJ KOMUNIKADO

Phone and Communication

CALL

I will give you a call later.

VOKO

Mi vokos vin poste.

TEXT

Send me a text message.

TEKSTO

Sendu al mi tekstmesaĝon.

PHONE AND COMMUNICATION

VOICEMAIL

I left you a voicemail.

VOĈA MESAĜO

Mi lasis al vi voĉmesaĝon.

RING

My phone didn't ring.

SONORI

Mia telefono ne sonoris.

CONTACT

I lost my contact list.

KONTAKTO

Mi perdis mian kontaktliston.

SIGNAL

The signal is weak here.

SIGNALO

La signalo estas malforta ĉi tie.

TELEFONO KAJ KOMUNIKADO

MESSAGE

I received your message.

MESAĝO

Mi ricevis vian mesaĝon.

CHAT

Let's have a chat.

BABILI

Ni babilu.

VIDEO CALL

We had a video call.

VIDEA VOKO

Ni havis videovokon.

RECEIVER

The receiver is not working.

RICEVILO

La ricevilo ne funkcias.

KRIZO-SITUACIOJ

Emergency Situations

AMBULANCE

Call an ambulance immediately.

AMBULANCO

Voku tuj ambulancon.

FIREFIGHTER

The firefighter saved the child.

FAJROBRIGADISTO

La fajrobrigadisto savis la infanon.

EMERGENCY SITUATIONS

POLICE

The police are here to help.

POLICO

La polico estas ĉi tie por helpi.

EMERGENCY

This is an emergency situation.

KRIZO

Ĉi tiu estas kriza situacio.

ACCIDENT

He had a car accident.

AKSIDENDO

Li havis aŭto-aksidenton.

EVACUATION

We had to evacuate the building.

EVAKUADO

Ni devis evakui la konstruaĵon.

KRIZO-SITUACIOJ

FIRST AID

I need a first aid kit.

UNUA HELPO

Mi bezonas unua-helpo kiton.

PARAMEDIC

The paramedic arrived quickly.

PARAMEDICINO

La paramedicino alvenis rapide.

RESCUE

The rescue operation was successful.

SAVO

La savo-operacio sukcesis.

ALARM

The alarm went off.

ALARMO

La alarmo eksonis.

RESTORACIOJ

Restaurants

MENU

The menu has many options.

MENUO

La menuo havas multajn opciojn.

WAITER

The waiter was very friendly.

KELNERO

La kelnero estis tre amika.

CHEF

The chef prepared a delicious meal.

ĈEFKUIRISTO

La ĉefkuiristo preparis bongustan manĝon.

DISH

The dish was very tasty.

PLADO

La plado estis tre bongusta.

TIP

We left a tip for the waiter.

TRINKMONO

Ni lasis trinkmonon por la kelnero.

TABLE

We reserved a table for two.

TABLO

Ni rezervis tablon por du.

RESTORACIOJ

ORDER

We would like to order now.

MENDI

Ni ŝatus mendi nun.

BILL

Can we have the bill, please?

FAKTURO

Ĉu ni povas havi la fakturon, bonvolu?

CUISINE

The restaurant offers Italian cuisine.

KUIRARTO

La restoracio ofertas italan kuirarton.

CHEF

The chef cooked a wonderful meal.

ĈEFKUIRISTO

La ĉefkuiristo kuiris mirindan manĝon.

HOTELOJ

Hotels

RESERVATION

I made a reservation at the hotel.

REZERVO

Mi faris rezervon ĉe la hotelo.

RECEPTION

The reception is open 24 hours.

AKCEPTEJO

La akceptejo estas malferma 24 horojn.

HOTELS

CHECK-IN

We checked in at the hotel.

ENREGISTRIĜO

Ni enregistriĝis ĉe la hotelo.

ROOM

Our room is on the second floor.

ĈAMBRO

Nia ĉambro estas sur la dua etaĝo.

SUITE

The suite has a beautiful view.

SUITO

La suito havas belan vidon.

BREAKFAST

Breakfast is included with the room.

MATENMANĜO

Matenmanĝo estas inkludita kun la ĉambro.

HOTELOJ

LOBBY

The lobby is very spacious.

VESTIBLO

La vestiblo estas tre vasta.

ELEVATOR

The elevator is out of order.

LIFTO

La lifto estas ekster funkcio.

SERVICE

The service was excellent.

SERVO

La servo estis elstara.

POOL

The hotel pool is heated.

NAĜEJO

La hotela naĝejo estas varmigita.

BANKADO

Banking

ACCOUNT

I need to check my account balance.

KONTO

Mi bezonas kontroli mian kontosaldon.

DEPOSIT

I need to make a deposit.

DEPONEJO

Mi bezonas fari deponon.

BANKING

LOAN

I applied for a loan.

PRUNTO

Mi aplikis por prunto.

CREDIT

I have a good credit score.

KREDITO

Mi havas bonan kreditan poentaron.

INTEREST

I paid interest on the loan.

INTERESO

Mi pagis intereson pri la prunto.

SAVINGS

I have a savings account.

ŜPARADO

Mi havas ŝparan konton.

BANKADO

WITHDRAWAL

I need to make a withdrawal.

RETIRO

Mi bezonas fari retiron.

BALANCE

I need to check my account balance.

SALDO

Mi bezonas kontroli mian kontosaldon.

INVESTMENT

I made an investment in stocks.

INVESTO

Mi faris investon en akcioj.

TRANSFER

I need to transfer money.

TRANSDONO

Mi bezonas transdoni monon.

BIENA FAKO

Real Estate

APARTMENT

I live in an apartment.

APARTEMENTO

Mi loĝas en apartemento.

HOUSE

We bought a new house.

DOMO

Ni aĉetis novan domon.

REAL ESTATE

RENT

We pay rent every month.

LUPAGO

Ni pagas lupagon ĉiumonate.

MORTGAGE

They have a mortgage on their house.

HIPOTEKO

Ili havas hipotekon sur sia domo.

PROPERTY

They own a lot of property.

POSEDAĴO

Ili posedas multe da posedaĵo.

LEASE

We signed a lease for the apartment.

LUIGOKONTRAKTO

Ni subskribis luigokontrakton por la apartemento.

BIENA FAKO

AGENT

The real estate agent was very helpful.

AGENT

La biena fako agento estis tre helpema.

LANDLORD

Our landlord is very nice.

LUIGANTO

Nia luiganto estas tre simpatia.

TENANT

The tenant pays rent on time.

LUINANTO

La luanto pagas lupagon ĝustatempe.

BROKER

The broker gave me good advice.

MAKLERISTO

La makleristo donis al mi bonan konsilon.

JURAJ TERMINOJ

Legal Terms

LAWYER

The lawyer gave me good advice.

ADVOKATO

La advokato donis al mi bonajn konsilojn.

CONTRACT

I signed the contract.

KONTRAKTO

Mi subskribis la kontrakton.

LEGAL TERMS

JUDGE

The judge made a decision.

JUĜISTO

La juĝisto faris decidon.

COURT

The court is in session.

TRIBUNALO

La tribunalo estas en kunsido.

WITNESS

The witness testified in court.

ATESTANTO

La atestanto atestis en tribunalo.

CRIME

Crime is a serious issue.

KRIMO

Krimo estas grava problemo.

JURAJ TERMINOJ

LAW

The law must be followed.

LEĜO

La leĝo devas esti sekvata.

ATTORNEY

The attorney represented the client.

ADVOKATO

La advokato reprezentis la klienton.

DEFENDANT

The defendant pleaded not guilty.

AKUZITO

La akuzito deklaris sin nekulpa.

VERDICT

The verdict was announced.

VERDIKTO

La verdikto estis anoncita.

MEDICINAJ TERMINOJ
Medical Terms

SURGERY

The surgery was successful.

ĤIRURGIO

La ĥirurgio estis sukcesa.

PRESCRIPTION

The doctor gave me a prescription.

PRESKRIBO

La kuracisto donis al mi preskribon.

MEDICAL TERMS

DIAGNOSIS

The diagnosis was quick.

DIAGNOZO

La diagnozo estis rapida.

TREATMENT

The treatment is working.

TRAKTADO

La traktado funkcias.

VACCINE

The vaccine is safe.

VAKVINO

La vakcino estas sekura.

ALLERGY

She has an allergy to nuts.

ALERGIO

Ŝi havas alergion al nuksoj.

MEDICINAJ TERMINOJ

SYMPTOM

He had flu-like symptoms.

SIMPTOMO

Li havis grip-similajn simptomojn.

OPERATION

The operation was a success.

OPERACIO

La operacio estis sukcesa.

PATIENT

The patient is recovering.

PACIENTO

La paciento resaniĝas.

CONSULTATION

I have a consultation with the doctor.

KONSULTO

Mi havas konsulton kun la kuracisto.

MEDIO

Environment

POLLUTION Pollution is a big problem.	**POLUADO** Poluado estas granda problemo.
RECYCLING Recycling helps the environment.	**RECIKLADO** Reciklado helpas la medion.

CLIMATE

The climate is changing.

KLIMATO

La klimato ŝanĝiĝas.

DEFORESTATION

Deforestation affects wildlife.

SENARBIGO

Senarbigo influas faŭnon.

OZONE

The ozone layer protects us.

OZONO

La ozona tavolo protektas nin.

RENEWABLE

Renewable energy is important.

RENEWIGEBLA

Renovigebla energio estas grava.

MEDIO

ECOSYSTEM

The ecosystem is diverse.

EKOSISTEMO

La ekosistemo estas diversa.

HABITAT

The habitat is being destroyed.

HABITAT

La habitato estas detruata.

BIODIVERSITY

Biodiversity is crucial.

BIODIVERSECO

Biodiverseco estas esenca.

CONSERVATION

Conservation efforts are needed.

KONSERVADO

Konservadaj klopodoj estas bezonataj.

SPACO

Space

STAR

The star is very bright.

STELO

La stelo estas tre brila.

PLANET

Earth is a planet.

PLANEDO

La Tero estas planedo.

SPACE

GALAXY

We live in the Milky Way galaxy.

GALAKSIO

Ni vivas en la galaksio Lakta Vojo.

ASTEROID

An asteroid passed by Earth.

ASTEROIDO

Asteroido pasis preter la Tero.

BLACK HOLE

A black hole is mysterious.

NIGRA TRUO

Nigra truo estas mistera.

SPACE STATION

The space station orbits Earth.

SPACA STACIO

La spaca stacio orbitas la Teron.

SPACO

SATELLITE

The satellite sends signals.

SATELITO

La satelito sendas signalojn.

COSMOS

The cosmos is vast.

KOSMO

La kosmo estas vasta.

COMET

We saw a comet last night.

KOMETO

Ni vidis komen lastanokte.

ROCKET

The rocket launched successfully.

RAKETO

La raketo lanĉiĝis sukcese.

EMOCIOJ KAJ SENTOJ

Emotions and Feelings

HAPPINESS

Happiness is important.

FELIĈO

Feliĉo estas grava.

SADNESS

Sadness is a natural emotion.

MALĜOJO

Malĝojo estas natura emocio.

EMOTIONS AND FEELINGS

ANGER

Anger can be difficult to control.

KOLERO

Kolero povas esti malfacile regata.

FEAR

Fear can be overwhelming.

TIMO

Timo povas esti superforta.

LOVE

Love is a powerful feeling.

AMO

Amo estas potenca sento.

SURPRISE

The gift was a surprise.

SURPRIZO

La donaco estis surprizo.

EMOCIOJ KAJ SENTOJ

EXCITEMENT

The children were full of excitement.

EKSCITO

La infanoj estis plenaj de ekscito.

JEALOUSY

Jealousy can ruin relationships.

ĴALUZO

Ĵaluzo povas ruinigi rilatojn.

PRIDE

She felt pride in her work.

FIERECO

Ŝi sentis fieron pri sia laboro.

GRATITUDE

He expressed his gratitude.

DANKEMO

Li esprimis sian dankemon.

THANK YOU

We hope this book has been a valuable resource in your journey to learn a new language.
Your commitment to expanding your linguistic skills is commendable, and we are honored to have been a part of your learning experience. We believe that language learning opens doors to new cultures, opportunities, and friendships, and we are thrilled that you have taken this step with us.

We would love to hear about your progress and experiences using this book. Your feedback is invaluable and helps us continue to improve and provide quality resources for language learners like you. Please consider leaving a review online or reaching out to us with your thoughts and suggestions.

Thank you once again for your support and dedication. We wish you continued success and joy in your language-learning journey.